AF233444

REVUE HISTORIQUE

EN ANGLAIS

PARIS,
… DE W. RE… ET COMP.
RUE GARANCIÈRE, N. 5, DERRIÈRE SAINT-SULPICE.

1849.

NOTICE HISTORIQUE

SUR L'ÉGLISE

DE S^{TE}-GENEVIÈVE.

IMPRIMERIE DE W. REMQUET ET Cⁱᵉ,

Successeurs de Paul Renouard.

RUE GARANCIÈRE, 5, DERRIÈRE SAINT-SULPICE.

NOTICE HISTORIQUE

SUR

L'ÉGLISE DE S^{TE}-GENEVIÈVE.

Les annales des arts offrent peu d'exemples d'une création qui ait excité l'enthousiasme au même degré que le projet présenté par Soufflot pour la construction de la nouvelle église de Sainte-Geneviève. Ce n'est pas cependant que ce qui constitue le mérite essentiel de cette composition ait été apprécié par le plus grand nombre; car s'il était impossible de ne pas être frappé de l'effet imposant du portail qui précède l'édifice, il était moins facile de pressentir avec exactitude celui de l'aspect intérieur, tant dans son ensemble que dans ses diverses parties; de discerner le résultat des ressorts employés pour mettre tout en valeur, sans compromettre l'impression de la première vue. L'exécution seule pouvait fixer l'esprit sur cette question, et l'on peut affirmer, sans

crainte, qu'ici, comme pour le frontispice, l'attente générale eût été de
beaucoup dépassée.

Dominé dès l'origine par l'influence des événements qui avaient pro-
voqué l'érection de ce monument (1), Soufflot s'appliqua à rechercher
les moyens de perpétuer, dans toute leur vivacité, les sentiments qui
avaient éclaté dans cette circonstance.

Ce n'est qu'après avoir longuement médité sur ce que le génie de
l'homme avait produit de plus parfait dans tous les genres, qu'il en
vint à s'imposer pour programme de faire plier l'art antique aux ingé-
nieuses dispositions, nées en dehors du théâtre du Paganisme, avec la
pratique même de la religion chrétienne.

Malgré la hardiesse d'un pareil dessein, ce n'était encore à ses yeux
que la tâche la moins difficile qu'il eût à remplir. L'idée d'arriver, par
les moyens de l'art, à concentrer sur l'autel votif les prières et les actes
de la reconnaissance publique, occupait seule toute sa pensée.

C'est dans ces dispositions qu'il se rendit une première fois en Italie,
pour compléter dans les œuvres des grands maîtres, anciens et modernes,
les leçons qu'il avait puisées dans les plus beaux monuments religieux
de la France.

Si la vue des ouvrages de l'antiquité servit à retremper son goût, sous
le rapport matériel de l'art, l'effet de leur disposition intérieure ne put
atténuer l'impression qu'il avait conservée de l'aspect de nos basiliques.
Le Panthéon d'Agrippa, seul temple encore entier des plus beaux temps
de l'art, fixa particulièrement son attention, et l'ordonnance architecturale qui règne dans cet édifice devint pour lui l'objet d'une étude
minutieuse. Mais, tout en appréciant le mérite qui brille dans la conduite
de cette vaste composition, lorsque ses souvenirs se reportaient sur les
nefs resplendissantes de nos cathédrales, son esprit demeurait frappé
de leur supériorité, pour l'exercice du culte catholique, sur un système
qui plaçait l'homme dans une contemplation stérile devant la matière.

En cherchant à pénétrer les raisons qui avaient déterminé l'architecte
dans le choix des moyens mis en œuvre pour la décoration intérieure

____

(1) La maladie de Louis XV à Metz, en 1744.

du temple, il ne tarda pas à reconnaître que l'effet de la lumière
zénithale, en ensevelissant tous les détails d'architecture sous un immense
voile d'ombre, avait pu seul nécessiter ces oppositions tranchées dans la
couleur des marbres, et l'apparence monochrôme, observée dans les
temples hypœtres, resta pour lui la seule admissible pour les ensembles
placés dans un jour favorable. L'appel fait à l'éclat des métaux précieux,
pour rendre sensibles à la vue les ornements dont la voûte était décorée,
fut aussi considéré par lui comme une conséquence forcée de la même
cause. Il ne tint aucun compte de ces projections informes que la
lumière solaire dessine sur les murs et sur la voûte, à travers l'œil qui
éclaire l'édifice, persuadé que les anciens n'avaient pu manquer de pour-
voir à ces accidents bizarres.

Plus tard, un homme (1), introduit dans les questions d'architecture
par une théorie abstraite, formée en dehors de l'étude et de la pratique
de cet art, n'hésitait pas d'accepter, comme suprême leçon, l'ordonnance
de ce monument dans toutes ses parties, sans prévoir alors que le sort
lui réservait d'en faire une application si funeste à la plus belle concep-
tion des temps modernes.

Les basiliques antiques, les salles des Thermes, les églises anciennes
et modernes furent successivement pour Soufflot l'occasion des
recherches les plus assidues; mais, au milieu de tous les efforts de l'art,
il ne put s'empêcher d'être surpris de voir qu'on n'ait jamais songé à
tirer parti d'une habile introduction de la lumière. Il la trouva partout
suffisante et modérée, n'ayant pour objet que d'éclairer des effets fixes,
mais n'en produisant aucun par elle-même ni sur son passage. Nulle
part, à l'exception peut-être de la chapelle des Médicis, dans l'église de
Saint-Laurent, à Florence, soit par l'influence du climat, soit par toute
autre cause, la lumière n'est appelée à dessiner l'ensemble, à assurer ou
à rehausser les effets de l'ordonnance architecturale; en sorte qu'à
défaut de ce qui devrait faire sa décoration naturelle, l'édifice se trouve
abandonné aux travaux des arts auxiliaires.

____

(1) M. Quatremère de Quincy, commissaire du département à la direction et administration
du Panthéon français. 1792.

D'après la connaissance acquise des dispositions locales, on peut être fondé à dire que dans le plus grand nombre d'édifices, si l'on a pu jouir d'un effet de ce genre, ce n'a pu être qu'avec le secours de la lumière factice.

Cependant, à son insu, l'effet le plus merveilleux en ce genre se produisait chaque jour dans l'église de Saint-Pierre. Occupé pendant long-temps du grand travail auquel il s'est livré sur cette basilique, et que Dumont, son fidèle et digne ami, publia dans la suite, il ne s'appliqua d'abord qu'à l'étude des formes et proportions de l'ordonnance à laquelle il consacrait habituellement la première partie de la journée.

On sait que, contrairement à l'usage religieusement observé à cet égard, l'église du Vatican présente son portail au soleil levant, en sorte que jusqu'au déclin de cet astre, le chœur, percé de fenêtres dans cette dernière direction, demeure constamment dans les mêmes conditions de jour que le reste de l'édifice. Ce n'est qu'au moment où il atteint la fin de sa course, que ses rayons viennent pénétrer dans l'intérieur du temple romain, tandis que partout ailleurs la direction du sanctuaire leur en permettrait l'accès dès le commencement de sa carrière.

Jusqu'au temps du Bernin, cet effet s'était accompli comme inaperçu, sans éveiller l'attention sur la précieuse ressource qu'il pouvait offrir à l'art pour ajouter un nouveau lustre à ce magnifique ensemble. C'est à ce puissant génie qu'il était réservé d'entourer l'autel expiatoire d'une majesté si imposante, et d'animer ensuite cette scène immense par l'effet le plus splendide qu'il soit possible de concevoir.

Ce n'est en effet que vers la fin d'une belle journée qu'il faut se rendre à l'église de Saint-Pierre de Rome, pour la trouver dans les conditions les plus favorables aux grandes impressions qu'on peut en attendre. Dès l'abord, l'édifice s'annonce sous un aspect vraiment pittoresque. Rien de pompeux comme le coup d'œil que la place offre en ce moment. On a peine à quitter ce spectacle enchanteur pour retrouver la vue froide et sévère de l'intérieur, et cependant rien n'égale la somptuosité du tableau qui nous y attend.

L'église nous paraît doublée de grandeur, parce que la lumière qui pénètre par l'extrémité opposée, la dessine dans toute son étendue; et ce qui ajoute encore à l'illusion, ce sont ces nuances graduées qu'elle éprouve en venant s'éteindre aux pieds du spectateur.

A son entrée, le chevet n'offre plus qu'un vaste foyer dont l'éloignement adoucit l'éclat, et le transforme en une image vaporeuse qui n'a plus rien de matériel. Revenu du premier éblouissement, l'œil y découvre tout ce que l'art a ajouté à ce prestige pour en diriger l'action sur la pensée. La chaire de Saint-Pierre se détache en demi-teinte dans une gloire miraculeuse, et le Saint-Esprit s'élance comme un astre radieux au milieu de cette apparition magique. L'admirable ouvrage dont le Bernin a décoré l'autel du centre vient encore augmenter la fascination, en imprimant sur cet ensemble, presqu'idéal, la mâle réalité de ses formes grandioses.

C'est pour avoir ignoré cette précieuse circonstance, que beaucoup d'étrangers qu'un séjour suffisant n'a pas retenu dans Rome, demeurés en présence d'objets dont en général le mérite ne se découvre pas sans étude, ont pu ne rapporter de l'église de Saint-Pierre, que l'idée d'un résultat obtenu par des efforts inouïs, mais dans lequel aucune pensée transcendante ne domine.

Il ne faut cependant pas oublier qu'une grande leçon en ce genre se trouve aussi réalisée chaque année à l'époque du vendredi-saint par la croix lumineuse qui accuse seule et d'une manière si académique, les formes et proportions de ce vaste ensemble ; mais quel que soit le mérite du relief que reçoive l'architecture de l'action de ce foyer, l'avantage demeure toujours à la lumière naturelle sur la lumière factice.

On peut dire que l'intention qui se révèle dans la direction assignée à l'ensemble des temples chrétiens, demeure à l'état purement rationnel dans la plupart des églises d'Italie, où le sanctuaire est généralement terminé par un appareil d'art qui intercepte tout accès à la lumière. L'indifférence qui règne généralement à cet égard dans ces contrées, ne peut s'expliquer que par l'empire qu'y ont toujours exercé les influences traditionnelles. Dans nos régions septentrionales où n'existait aucun préjugé de ce genre, cette disposition fut acceptée dans son esprit et dans ses conséquences ; et par un calcul qui fait autant d'honneur au goût qu'à la raison, l'art s'appliqua à faire coïncider le maximum d'effet, avec une circonstance liée à des conditions éternelles. Ceux qui n'ont pas étudié nos églises au moment où les rayons du soleil levant viennent illuminer le sanctuaire, ne pourraient s'empêcher de reconnaître la supériorité de cette idée, sur celle qui plaçait autrefois l'autel dans une obscurité mystérieuse, et l'inanité de tous les moyens matériels en présence de l'action si éminemment décorative de la lumière.

De même que l'instrument n'est créé que pour produire et propager le son dans toutes les modifications possibles, on pourrait dire aussi que nos anciennes églises n'ont été conçues que dans le dessein de répandre et de faire dominer l'action de la lumière. Bien que son introduction ait lieu de la manière la plus large et la plus abondante, elle est toutefois répartie avec tant d'art que, loin d'être fatiguée de son éclat, la vue ne rencontre partout que ce jour calme et religieux qui convient seul aux méditations pieuses. Sur tous les points la matière ne s'y présente que dans sa simplicité native, décorée seulement du jeu des ombres et des reflets sur les formes dont elle est revêtue, et dont l'ensemble produit la plus suave harmonie. C'est dans cet état que plus d'un peintre fameux a cédé au besoin de reproduire ces effets enchanteurs, méconnus quelquefois sous l'empire de doctrines aveugles, et ensevelis sous les efforts d'un art parasite.

Cette impression déjà si fortement gravée dans l'esprit de Soufflot, lors de son premier voyage ne fit que s'accroître encore en se trouvant une seconde fois en présence de la brillante application qui devait en assurer à jamais le triomphe. Dès ce moment les édifices sacrés de l'Italie, dépourvus la plupart de l'action vivifiante de la lumière, ne présentèrent plus à son esprit, qu'un savant concert de moyens factices, mis en œuvre avec art pour enchaîner l'âme dans son essor, au lieu de la placer dans ce recueillement qui ouvre avec tant de charme le chemin de la conscience.

C'est sous la double influence de cette révélation, et des leçons puisées dans les anciens édifices que son œuvre semble avoir été conçue : son projet gravé et publié par Belliçart, en 1757, vint enfin faire connaître le premier résultat d'une étude aussi laborieuse. Quelques modifications survenues depuis ne diminuèrent en rien le mérite de ses dispositions

primitives. Au dedans comme au dehors, l'architecture antique règne
dans toute sa dignité. Trente-neuf fenêtres, sans compter celles qui
éclairent le centre de l'église, et dix grands vitraux y introduisent de
tous côtés la lumière dans les conditions les plus favorables à l'effet
des éléments architectoniques, et sans apporter aucun trouble dans la
majesté des formes extérieures.

Il était évident que, sous le rapport de l'art, une grande difficulté
venait d'être résolue, par l'heureuse association de deux conditions
essentielles qui semblaient ne pouvoir jamais briller qu'à l'exclusion
l'une de l'autre, dans le même ensemble.

Il n'est pas sans intérêt de remarquer ici, que la vue intérieure de
l'église ne fait pas partie de la première suite de dessins qu'il en a publiés,
tandis que le portail s'y trouve représenté sous l'aspect le plus grandiose.
Cette réserve de l'auteur laissait le champ libre à l'esprit, pour sup-
puter d'après les dispositions du plan, les effets les plus saillants qu'on
pouvait s'en promettre. Chacun se livrait à ses conjectures, sans, au
préalable, se rendre un compte bien sérieux des moyens mis en jeu par
une savante étude. Un célèbre critique du temps (1), plus littérateur
qu'architecte, donna la véritable mesure de son intelligence dans cet
art, en partageant aveuglément les vagues illusions de la foule.

Soufflot seul, étonné qu'après un frontispice aussi majestueux, on
parût se contenter, pour l'intérieur, du jeu monotone des éléments d'architecture se combinant entre eux selon les lois de l'optique, ne s'ex-
pliquait pas encore sur la nature d'un spectacle qui, dans sa pensée,
devait effacer l'impression du portique déjà connu et apprécié de tous
les architectes.

Le triple autel surmonté de la châsse, placé au centre de l'édifice,
pour recevoir de tous côtés les hommages empressés des fidèles, tout en
laissant à désirer de plus amples détails, obtint l'approbation la plus
complète. Une réminiscence encore peu comprise, paraît devoir con-
tribuer seule à la décoration de l'autel du sanctuaire. Jusque-là, dans

(1) L'abbé Laugier, Observations sur l'architecture, IVᵉ partie, chap, II, *de la Forme des
Bâtimens*. La Haye, 1765, et à Paris, chez Desaint, libraire, rue Saint-Jean-de-Beauvais.

cette première publication, tout semble n'avoir été préparé que pour constater le succès de la question architecturale.

Le temps nécessaire à l'érection du temple proprement dit, permettait à l'auteur de reporter ses méditations sur les deux objets principaux dont l'effet devait dominer tout l'ensemble, et ce ne fut que dans les dernières années de sa vie que ses idées se fixèrent entièrement à ce sujet.

La première vue intérieure de l'église de Sainte-Geneviève, gravée sous la direction de Dumont, professeur d'architecture, ne parut qu'en 1775. Cette perspective offre toute l'exactitude que l'on peut obtenir par les procédés de la géométrie, mais l'effet de la lumière diffuse se jouant au milieu des plus beaux éléments de l'art (qu'il était impossible de saisir ailleurs que sur la nature même), y manque entièrement de vérité, et tout ne s'y présente que sous la projection d'un jour purement conventionnel.

Il en résulte cependant un magnifique ensemble, dans lequel, malgré l'humble apparence de la matière, l'importance de l'autel votif, et celle de la gloire du fond du sanctuaire, se trouvent absorbées sous le déployement trop accentué dans cette circonstance, des richesses de l'art antique. Il est peut-être inutile d'ajouter qu'à défaut de modèle, la science du dessinateur avait fait tout ce qui était en son pouvoir.

Mais, si l'on était réduit à ne donner, sous ce rapport, qu'une fausse idée de l'état futur des choses, on pouvait du moins indiquer avec toute vraisemblance l'action du soleil levant à travers le motif du sanctuaire. Laissant donc au temps à justifier ses prévisions sur la première question, l'auteur n'hésita plus à mettre en évidence l'infaillible effet concerté en présence du *Protoscenium*, dont le génie du Bernin avait doté la basilique de Saint-Pierre.

Plusieurs essais furent tentés sous ses yeux, par des mains habiles, pour dévoiler, par le dessin, le magnifique tableau qu'il avait toujours en en vue; mais par une sorte de fatalité attachée à cette entreprise, aucun d'eux ne put voir le jour, et l'intérieur du monument ne put jamais être parfaitement compris, ni dans le résultat, ni dans la pensée de ses plus savantes combinaisons.

Telle avait été, dès le principe, la pensée de Soufflot, sur le maximum d'effet auquel il fût possible d'atteindre à l'intérieur des édifices, et dont l'application lui semblait devoir être uniquement réservée à rehausser l'éclat des pompes sacrées.

La connaissance seule de ce fait, transmise jusqu'à nous par un témoignage irrécusable, méritait déjà d'être consignée dans les annales de l'architecture. Depuis, la découverte de l'un des essais dont il vient d'être parlé, aujourd'hui entre nos mains, nous a mis à même d'apprécier dans toute leur valeur, les judicieuses inductions sur lesquelles l'auteur avait fondé ses plus brillantes espérances.

La question soulevée dans cette notice sur le degré d'importance attaché, à différentes époques, à la répartition de la lumière dans l'intérieur des édifices, fait partie d'une suite d'études relatives à l'architecture. Le décret qui vient de rendre l'église de Sainte-Geneviève à sa première destination, nous a paru offrir une occasion d'autant plus favorable à la publication de ce qui concerne cet édifice, que dans l'état actuel des choses, la brillante pensée de Soufflot est encore complétement réalisable. Dans cette conviction, nous n'avons pas cru devoir hésiter un seul moment à la faire connaître.

A. RONDELET,

ARCHITECTE.

Juillet 1852.